En el principio Dios creo....

Genesis 1:27

Dios creo al hombre, a su imagen y semejanza
A imagen de Dios lo creo
Hombre y mujer los creo.

Juntos Por Siempre

De : _____

Para: _____

Mensaje: _____

_____

_____

Genesis 2: 18 - 24

Yavé Dios dijo: 'No es bueno que el hombre esté solo. Le haré una ayuda. El hombre puso nombre a todo el ganado, a todas las aves del cielo y a todos los animales salvajes. Pero no se encontró ayuda idónea para el hombre.

Entonces, Yavé Dios hizo que el hombre cayera en un sueño profundo.

Y, mientras dormía, tomó una de sus costillas y volvió a cerrar la carne inmediatamente. Yavé Dios formó una mujer de la costilla que había tomado del hombre, y la trajo al hombre. Y el hombre dijo: ¡Ésta al fin es hueso de mis huesos y carne de mi carne! Ella será llamada Mujer, porque fue tomada del Hombre. Por eso dejará el hombre a su padre y a su madre, y se unirá a su mujer, y se harán los dos, una sola carne.

Juntos por Siempre

La mejor historia de amor,

Nuestra historia

Introducción No. 1

La Sagrada Familia nació en Nazaret y continúa en cada matrimonio que se ama, y en cada familia que tiene la esperanza de vivir juntos para siempre.

El siguiente diario les ayudará a recordar lo que les trajo a este momento especial de su matrimonio. San Juan Pablo II, a través de su enseñanza con la teología del cuerpo, invita a volver al principio - Cuando Dios creó al hombre y a la mujer.

El comienzo siempre es importante. Volver a donde todo comenzó ayuda a recordar la historia de amor, para quién y para qué, están hechos. Del mismo modo, a través de la elaboración de este diario, estarán rememorando los momentos más significativos en su decisión de aceptar el sacramento del matrimonio. Es importante volver a ese principio, donde todo tenía un sentido claro, donde se podía ver el objetivo transparente en las acciones de amor que realizaron, y que los ha llevado hoy a hablar de esta nueva, verdadera y maravillosa historia de amor.

Hoy ustedes continúan el legado de la familia de Nazaret, dando vida a un nuevo hogar, santo y amoroso, donde los frutos que abundan allanan el camino para el reino de Dios.

Juntos para siempre. Este es un espacio que les ayudara a explorar el pasado y el futuro, para guiarles en el presente, a través de los momentos tormentosos que seguramente vendrán. Las luchas normales de la vida son necesarias para mantenerse alerta y a los pies del creador.

Si han recibido este libro como un regalo, es porque han discernido y aceptado el llamado de Dios al matrimonio. Felicidades por su SÍ a la vida desde el sacramento del matrimonio.

La aventura comienza.... o empezó .... Haceee.... meses, o años....

La Aventura Comienza....

Fecha _____

Nombres

Nombre De El_____   Nombre De Ella _____

Nuestra foto favorita:

Amamos esta foto porque:

Ella _____

El _____

Cuando nos conocimos

Mi primer pensamiento acerca de ti fue...

Ella

_____

_____

_____

El

_____

_____

Como nos conocimos

Detalles como (Donde, que hora era, como estaba el clima, como me sentía, que ropa teníamos, en qué circunstancias estábamos)

Nosotros estábamos en ...

_____

_____

_____

_____

_____

_____

Que sucedió (Continua....)

La Primera Cita

Detalles. (¿Dónde fuimos, cuando, que colores llevábamos puesto, fue divertido? ¿Fue un momento tenso?)

Ella

_____
_____
_____
_____
_____
_____
_____
_____
_____

El

_____
_____
_____
_____
_____
_____
_____
_____
_____
_____

Fotos de Nuestra
Primera Cita

Lo que me Impresiono de ti Acerca de....

Tu Físico, tu personalidad, tu espiritualidad....

Ella

_____

_____

_____

_____

_____

_____

_____

_____

El

_____

_____

_____

_____

_____

_____

_____

_____

Cuando Empecé, a Sentir Mariposas en mi Estomago

Ella

_____
_____
_____

El

_____
_____
_____

Que me enamoro de ti....

Ella

_____
_____
_____
_____
_____

El

_____
_____
_____
_____

La ropa que te hacia ver Espectacular

Ella

_____
_____
_____

Foto de El

El

_____
_____
_____

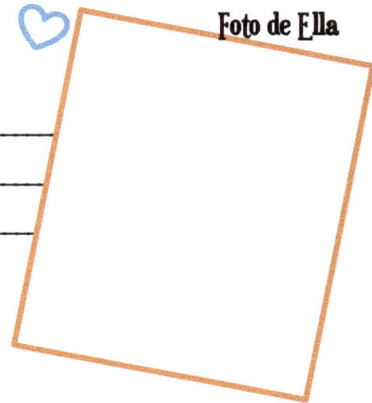

Foto de Ella

El perfume que me encanta oler en ti....

(Ponga una pequeña pieza con ese perfume.... o el nombre del perfume)

Ella _____

El _____

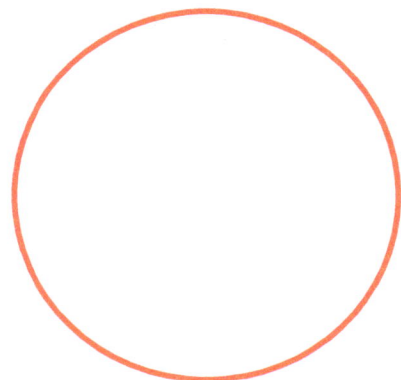

El Primer Regalo

¿Cuál fue el primer regalo y quien lo dio, él o ella? Porque, que paso, que fecha era, (Detalles).

_____

_____

_____

_____

_____

Recuerdo este primer regalo porque.... (Que emoción recuerda haber sentido)

Ella _____

El _____

¿El Lugar donde nos Encantaba ir a Caminar – Por Qué?

_____

_____

_____

La Primera Canción que nos Dedicamos

Ella

_____

El

_____

Nuestros Lugares Favoritos

Misa _____

Grupo de la Iglesia _____

Restaurantes _____

Teatro _____

Donde Bailar _____

Lugar Especial _____

La Historia de Nuestra Primera Pelea

Detalles (Como nos sentimos, como lo arreglamos)

Ella (Su punto de vista)

_____
_____
_____
_____
_____

El (Su punto de vista)

_____
_____
_____
_____
_____

Conclusión. Que Aprendimos...

...De esa primera pelea. Detalles (Comunicación, Estilo de abordaje, Vías de acercamiento...)

_____
_____
_____
_____
_____

Nuestros Sueños Acerca De

Futuro _____

Viajes _____

Estudio_____

Donde vivir _____

Casa _____

Hijos _____

Vejez _____

Que Pensamos Sobre el Compromiso

Ella

_____
_____
_____

El

_____
_____
_____

El Compromiso

Como fue la Propuesta

Fotos

Historia del Compromiso

Fecha _____

Detalles (Cuando, Donde, Clima, Como estábamos vestidos, como nos sentíamos...)

Ella

_____
_____
_____
_____
_____
_____
_____
_____

El

_____
_____
_____
_____
_____
_____
_____
_____

Introducción No. 2

La vida es hermosa, sin embargo, la vida en el matrimonio agrega una nueva profundidad de belleza; a medida que cada individuo se convierte en, la mano de Dios del uno para el otro.

La vida matrimonial está llena de desafíos que implican sacrificio; Aquí es cuando comienza la verdadera aventura.

El primer sacrificio es la convivencia. Recuerde que cada uno de ustedes es diferente y se educó en dos ambientes diferentes. Ahora, juntos, van a establecer una nueva dinámica familiar. Deben unir sus valores más importantes, y construir un hogar con nuevos compromisos.

Recuerden siempre poner a Dios en medio de la conversación. Él esta con ustedes; Él es más que una guía, Él es el camino.

La primera etapa difícil en la vida matrimonial es la adaptación a la nueva convivencia. En este punto vienen frases como "Mi mamá dice... en mi casa solemos..."; Sin embargo, en última instancia, esta es su nueva casa, su nueva familia, y las cosas van a ser diferentes.

Ahora ustedes, son los nuevos dueños, no solo de su casa, sino de la nueva dinámica. Ahora es el momento de crear algo nuevo.

... Y así empieza una nueva aventura...

Preparando Nuestra Boda

¿Qué sucedió durante el tiempo previo al gran día?

Ella - Emociones

_____
_____
_____

El - Emociones

_____
_____
_____

Quien escogió el salón de la fiesta (La celebración)

_____
_____
_____
_____

Como fue hacer la lista de invitados

_____
_____
_____
_____

Nuestros Padrinos. (Quienes fueron, como los escogimos, por que)

_____

_____

Cuáles fueron los colores de la boda. Como llegamos a ese color.

_____

_____

_____

_____

Decoración. Porque la escogimos, como decidimos

_____

_____

_____

_____

Nuestros vestidos de Boda. (Quien nos acompañó, Como lo escogimos, Porque escogí este vestido.....detalles)

Ella

_____

_____

_____

_____

_____

El

_____

_____

Nuestra Maravillosa Boda

Fotos – Momentos - Memorias:

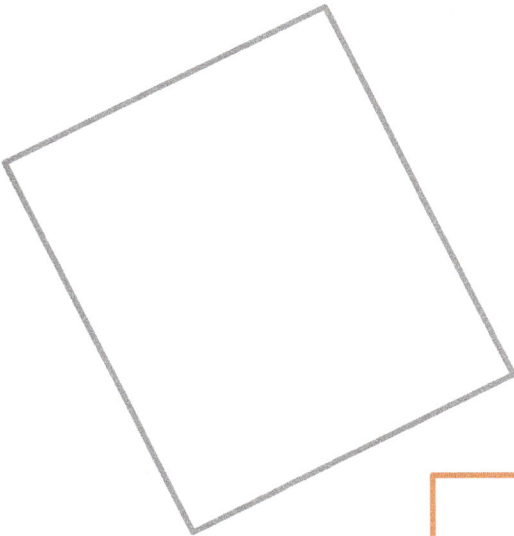

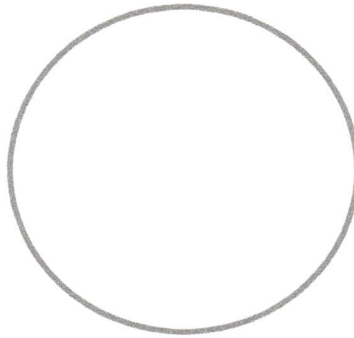

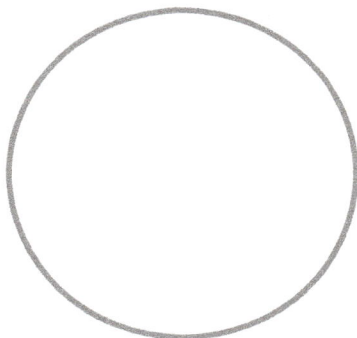

Como nos Sentimos en Nuestra Boda

Ella

_____

_____

_____

_____

_____

_____

_____

El

_____

_____

_____

_____

_____

_____

_____

Nuestra Primera Casa

Como fue el proceso de encontrar nuestra primera casa

_____
_____
_____
_____
_____
_____
_____
_____

Como la decoramos

_____
_____
_____
_____
_____
_____

Experiencias de Casados

Primera vez en el supermercado _____

Primer desayuno juntos _____

Primera cena _____

Otras experiencias que recordamos

Ella

_____
_____
_____
_____
_____
_____
_____
_____
_____

El

_____
_____
_____
_____
_____
_____
_____
_____
_____

Nuestros Bebes

Primer Bebe

Nombre _____

Fecha de Nacimiento _____ Hora _____

¿Qué emociones experimentaron?

Ella

_____
_____

El

_____
_____

Segundo Bebe

Nombre _____

Fecha de Nacimiento _____ Hora _____

¿Qué emociones experimentaron?

Ella

_____
_____

El

_____
_____

Tercer Bebe

Nombre _____

Fecha de Nacimiento _____ Hora _____

¿Qué emociones experimentaron?

Ella

_____
_____

El

_____
_____

Cuarto Bebe

Nombre _____

Fecha de Nacimiento _____ Hora _____

¿Qué emociones experimentaron?

Ella

_____
_____

El

_____
_____

De regreso al principio

Todas las etapas del matrimonio son importantes. Sin embargo, regresar a esa primera experiencia, cuando recién se enamoraron, les ayudará a recordar qué les trajo a este momento. También regresar al inicio, dará sentido nuevamente al sacramento del matrimonio.

Al principio, cuando Dios creó el mundo, lo hizo con el mismo entusiasmo y amor con el que ustedes decidieron formar esta familia, un sentido de esperanza y convicción de que realizarían una gran obra. Por eso, es importante tener en cuenta que vendrán tiempos difíciles, en los que necesitarán volver al principio y recordar. "Recordar dará sentido".

Otra forma de compartir este objetivo común es teniendo en cuenta las siguientes recomendaciones, que han sido copiladas después de años de trabajar con parejas que han caído en un divorcio espiritual. (Un alejamiento el uno del otro)

Las siguientes recomendaciones son una terapia preventiva, que les ayudará a mantener la meta de amor que se han propuesto; vivir juntos para siempre.

Reconocer Necesidades

Las personas a veces pueden subestimar las quejas. En muchas oportunidades las quejas son un medio de catarsis (de desahogo), aunque siempre hay implicaciones más profundas. Con estas herramientas, aprenderán una de las frases más importantes, que les dará equilibrio en su matrimonio.

"La Queja de mi conyugue, Es una necesidad"

Por favor, escriban esta frase en un papel grande y colóquenla en un espacio visible. Ambos deben familiarizarse y tener en cuenta esta oración.

Significado: Cada vez que alguien se queja de algo, detrás de la queja, hay una necesidad.

Por ejemplo:

Queja: Tu siempre estás en el teléfono.   **Necesidad**: Atención

Queja: Tienes todo por todas partes   **Necesidad**: Cooperación

Queja: Trabajas demasiado   **Necesidad**: Su compañía

Es importante no quedarse con la queja – Practiquen identificando la necesidad. Esto le ayudara a entender el corazón de su conyugue.

Practica:

Escriban al menos dos quejas que tiene su conyugue de usted, y trate de identificar su necesidad.

Ella: (Escriba la queja de su esposo)

Queja:

_____

_____

Necesidad:

_____

Queja:

_____

_____

Necesidad:

_____

¿Qué ha aprendido con este ejercicio, y como puede ponerlo en práctica?

_____
_____
_____
_____
_____
_____
_____
_____
_____
_____
_____
_____

El: (Escriba la queja de su esposa)

Queja:

_____
_____

Necesidad:

_____

Queja:

_____
_____

Necesidad:

_____

¿Qué ha aprendido con este ejercicio, y como puede ponerlo en práctica?

_____
_____
_____
_____
_____
_____
_____
_____
_____
_____
_____

Habilidades de Comunicación

La comunicación es un arte; y como todo arte, es una habilidad que se desarrolla con práctica. Es posible que nadie les haya enseñado nunca el camino adecuado de la comunicación. En otras palabras, lo aprendieron pasivamente a través de sus familias y eventualmente se convirtió en su propio estilo. Sin embargo, es posible que no tengan el mejor estilo, o que su estilo no funcione de la mejor manera con su nueva familia. Los siguientes consejos están destinados a usarse en la vida cotidiana y, si se usan correctamente, les ayudará a mejorar sus habilidades de comunicación, poco a poco en el tiempo. Estos consejos están dirigidos a ambos individuos, ya que cada uno es igualmente responsable, de establecer una adecuada comunicación.

Primera habilidad

Situación: Discuten a menudo, pero no están realmente seguros de por qué discuten, solo discuten por todo o cualquier cosa.

Habilidad: Primero identifique el problema en usted mismo. ¿Pienso diferente? ¿Es esto un problema de terquedad? ¿Es uno de ustedes más flexible que el otro? ¿Le cuesta ver las cosas desde el punto de vista del otro? ¿Solo ve el problema y no la necesidad? También es importante ser honesto y crítico con sí mismo. A través de este diario aprenderán a manejar cada situación. Por ahora, el primer paso es identificar la fuente del argumento y su propia responsabilidad en él.

Segunda Habilidad

Situación: Evitar la confrontación durante un momento de rabia o enojo. Regularmente, en este tipo de situaciones estresantes, es mejor dejar que sus emociones se calmen. Cuando sus sentimientos están arriba, su mente está abajo. Tristeza extrema, ira o frustración, por lo general minimizan su capacidad de pensar razonablemente.

Habilidad: Encuentre un mejor lugar donde estar. Cuando identifica que sus sentimientos están al máximo. DETENERSE y esperar un mejor momento para hablar, es la mejor opción. Por lo general, es mejor salir a caminar, pasar a la habitación de al lado, beber algo, ver un programa o llamar a alguien que pueda escucharle y tal vez incluso darle un buen consejo.

Tercera Habilidad

Situación: Ambos piensan diferente. La verdad es que la diferencia de opinión no es en sí misma un problema. Esto es natural en cada individuo. Cada persona es diferente en muchos aspectos, incluida la forma de pensar. Sin embargo, es importante llegar a puntos de acuerdo.

Habilidad: Llegar a un punto medio. En el matrimonio siempre es necesaria la donación. Significa, cuando sea necesario, hacer sacrificios, ceder en ciertos aspectos para encontrar el equilibrio; esto también incluye su capacidad de ver más allá del blanco y el negro, ver los matices de gris es el lugar, donde se puede encontrar algo en común. Para ello es importante abrirse a la escucha y no ser intransigente.

Cuarta Habilidad

Situación: Tratar múltiples problemas al mismo tiempo, o mezclar varios temas. Esto también incluye traer problemas de hace mucho tiempo que nunca se discutieron, o exponer problemas que se creían resueltos.

Habilidad: Tratar solo un tema a la vez, tanto como sea posible. Es por eso que la Habilidad No. 1 es tan importante: primero deben identificar lo que está sucediendo, por qué están discutiendo realmente. Una vez que lo identifican, traten de abordar esa dificultad, o hagan cada uno, una lista de los temas que quieren discutir, así identificaran cual abordar primero, y cual después. Esto puede ayudarles a manejar todo en orden. También es importante detectar cuándo su cónyuge se está cansando. Si identifica que está cansado del tema o de la discusión, guarde el resto de la lista para otro momento. ¡¡¡Cuidado!!! no lo olvide, es importante retomar la lista en el momento adecuado.

Quinta Habilidad

Situación: A veces las discusiones empeoran porque no se entienden mutuamente.

Habilidad: No asuman nada. Primero aclare el mensaje para asegurarse de que lo entiende, pregunte "¿Lo qué estás tratando de decirme que es...?" Por el contrario, si encuentra que su cónyuge no entiende el mensaje, diga "Estoy tratando de decir lo siguiente... (diga el mensaje en diferentes palabras)". De esa forma, estarán seguros de que están entendiendo correctamente y de que se están haciendo entender.

Sexta Habilidad

Situación: Hablar en "TU" conduce a juzgar a su cónyuge sin tomar en cuenta sus necesidades, sentimientos o su percepción. Cuando usa mensajes "TU", su cónyuge puede sentirse atacado y, como una reacción normal de todos los individuos, reaccionará de la misma manera, atacando. Decir por ejemplo "TU eres un grosero", se sentirá como un ataque.

Habilidad: Hablar en mensajes "YO" le permitirá hablar sin juzgar, ya que no hablará de su cónyuge, estará hablando de sí mismo - sus necesidades, sus sentimientos o su percepción de algo. Por lo tanto, exprésese de la siguiente manera "Percibo que estás enojado"

"Me siento triste cuando me gritas" "Necesito pasar más tiempo contigo"

Séptima Habilidad

Situación: Exigir en lugar de pedir. Cuando exige, su cónyuge puede sentirse manipulado o atacado.

Habilidad: Hacer pedidos con amor y paciencia. No siempre se está de buen humor, sobre todo, para ser o hacer cosas que originalmente no estaban en su agenda. Sin embargo, una solicitud amorosa puede satisfacer la necesidad y beneficiar a ambos mutuamente.

El Lenguaje de Amor

Los 5 lenguajes del amor es un libro escrito por Gary Chapman (todos los derechos son suyos). Destaca las diferentes formas de expresar amor del uno al otro, y la importancia de comprender esto en sí mismos y en los seres queridos. Haciendo alusión al libro, el autor enseña la importancia de conocer como cada persona expresa su amor hacia los demás, y como se siente amado de los demás. Para ello es importante comprender cada lenguaje, y otros detalles que trae el libro. Como tarea para esta sesión, por favor compre el libro y aprovechen a pasar un tiempo de calidad juntos. Lean el libro al menos media hora cada día. Reemplace la televisión o cualquier otra actividad por un rato en la noche donde compartan este tiempo de conocerse en este aspecto tan importante. Su lenguaje del amor. El libro les traerá además de ejemplos e historias, les ayudará a conocerse más así mismos y a su conyugue. Sera una nueva y muy interesante etapa para explorar con conyugue.

Mas adelante encontraran el sitio web original del autor. Puede utilizar este recurso para leer el libro o para hacer el test del lenguaje del amor. Es una herramienta maravillosa para la vida matrimonial diaria.

www.5lovelanguages.com

Después de hacer el test que aparece en el libro, escriban el lenguaje de amor de cada uno.

Ella: El lenguaje de amor de mi esposo es:

_____

El: El lenguaje de amor de mi esposa es:

_____

Que aprendí del libro. (Aspectos importantes que debo recordar)

Ella

_____
_____
_____
_____
_____
_____

El

_____
_____
_____
_____
_____
_____

Haciendo un Nuevo Compromiso

1. Yo quiero aprender a comunicarme con el lenguaje de mi conyugue porque....

Ella

_____

_____

El

_____

_____

2. Aprenderé a comunicarme en el lenguaje del amor de mi cónyuge de la siguiente manera:

Ella

_____

_____

_____

El

Cómo Nutrir Nuestro Amor

Uno de los errores más comunes en los matrimonios es olvidarse de nutrir la relación, de nutrir el amor. Esto suele ser una acción inconsciente que incorporan en la relación, especialmente en el matrimonio. Las personas simplemente continúan con su día, sus vidas, asumen constantemente más responsabilidades: escuela, trabajo, hipoteca, hijos, fiestas, amigos, reuniones, etc. Es fácil olvidar que en un matrimonio comienza con una responsabilidad, la cual no es solo con su cónyuge, sino también con Dios. Ambos se acercaron libremente al altar del matrimonio como dos personas independientes, y dejaron el altar siendo una unidad, ahora compuesta por tres partes;
Esposo – Esposa – Dios.

La Iglesia Católica enseña este importantísimo orden:

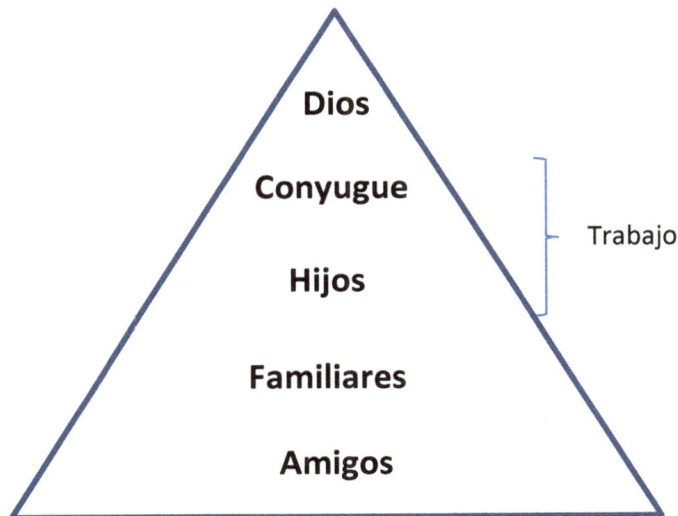

```
                    Dios

                  Conyugue
                                    ⎤
                    Hijos           ⎬  Trabajo
                                    ⎦
                 Familiares

                   Amigos
```

Prioricen a Dios

Los Mandamientos de Dios enseñan primero, que es un deber, amar a Dios sobre todas las cosas. En el triángulo de arriba, observe, que cuanto más cerca estén, usted y su cónyuge de la cima, más cerca estarán el uno del otro; Y cuanto más cerca estén de Dios, más cerca estará de su cónyuge. Además, debido a que ambos son las manos de Dios del uno para el otro, su proximidad a Dios los fortalecerá.

La iglesia católica enseña que después de Dios, su cónyuge es su próxima prioridad. ¿Por qué? Porque, su cónyuge estará con usted hasta el final. Este compromiso se extiende a los días buenos, a los días malos, a través de la salud o la enfermedad, en la pobreza y la riqueza. "Hasta que la muerte los separe". Incluso sus hijos algún día dejarán la casa, sin embargo, su cónyuge permanecerá. Por lo tanto, la relación entre ustedes, debe de ser una prioridad.

¿Qué pasa si cambian estas prioridades? ¿Si priorizan todo lo demás en su vida?, empiezan a crear distancia entre ustedes como cónyuges. Al final, a medida que todas esas cosas comienzan a desaparecer, pueden dejar un gran abismo entre ustedes dos.

Su vida laboral ayuda a mantener su vida hogareña, pero incluso esto no debe tener prioridad sobre la familia. El trabajo es la bendición del sustento; por esta razón, su valor es paralelo al de su familia.

Observen de manera grafica

Estas dos ilustraciones representan lo que sucede cuando cambian el orden previsto por Dios. Las cosas que ponen entre usted y su cónyuge crean un abismo. En psicología y cristianismo, este abismo se llama **divorcio espiritual**. Cuando al final; desee tener una relación cercana con su cónyuge, la distancia de ese abismo puede volverse tan grande que ya no pueden escucharse, reconocerse, empatizar o incluso amarse. El divorcio espiritual es como una serpiente silenciosa, que se arrastra lentamente en la vida de las personas y descarrila el plan original de Dios.

Cuando todo lo que puso en medio, por alguna razón se ha ido, se acaba el puente que les permitía estar juntos. Los hijos se van, el trabajo se acaba, el ministerio de la iglesia cambia o se termina, en fin, todo se mueve, y se acaba el puente que los unía. Por lo tanto, lo que queda en medio, es ese abismo, que probablemente les hará pensar y sentir que todo ha acabado, que ya no hay amor, sin embargo, lo que falta es conexión.

Las siguientes dos ilustraciones le muestran la mejor manera de mantener el orden de Dios. Usted y su cónyuge junto con Jesús en el centro de la relación. Todo lo demás crece a su alrededor. Cuando la gente se vaya, las cosas cambien, u ocurra una tragedia, usted y su cónyuge podrán enfrentar todas las batallas juntos.

Serán felices y tendrán una familia fuerte: un matrimonio fuerte e hijos fuertes.

Ustedes Estarán ...

Juntos para Siempre

Otras Maneras de Nutrir la Relación

¿Como poner a mi conyugue inmediatamente después de Dios?

Ella - Ideas

_____

_____

_____

_____

_____

_____

_____

El - Ideas

_____

_____

_____

_____

_____

_____

_____

_____

Hacernos felices el uno al otro

Algunas personas se casan con la intensión de ser feliz, de que su conyugue le dé la felicidad que tanto anhela; Es otro error común en el matrimonio; elegir estar con alguien asumiendo que esa persona le hará feliz.

Las personas se enamoran de lo que otras personas pueden darles; piensan, por ejemplo, es una persona maravillosa, es católico, es amigable, inteligente y hermosa. Estas cosas son importantes por supuesto, sin embargo, no debe imponerle a su cónyuge la responsabilidad de "Hacele sentir completo". Una relación sana se compone de dos personas individualmente completas. Cuando ambas personas se sienten completas, es más fácil preguntarse "¿qué puedo hacer, para hacer feliz a mi conyugue?" en lugar de preocuparse por cómo su conyugue le hará feliz a usted. Este camino los llevara a estar alerta todos los días, cultivando el bienestar del uno por el otro, nutriendo su relación. Si cada uno piensa **"Como hago feliz a mi conyugue"** y trabajan en ello, los dos serán felices.

Tiempo de pareja

Una relación también necesita ser nutrida con el tiempo dedicado. Si no se dedican suficiente tiempo el uno al otro, la relación puede sufrir. Hay una excusa común que dice "La calidad es más importante que la cantidad". Esta es una idea errónea y peligrosa. Necesitan tiempo para crear calidad.

Para que haya calidad se necesita cantidad. Una hora a la semana no va a alimentar la relación de una manera sana y sustancial. Además, no se engañen con que, "hacer cosas" por el otro es suficiente, si no hay tiempo para intimar. Me refiero a, conocerse, escucharse, apoyarse, entenderse, ayudarse. Incluso simplemente hablar, reír, abrazar, soñar y divertirse. Este tiempo es importante aún, si tienen hijos. Busquen a alguien que les ayude a cuidar a sus hijos, y bríndense mucho tiempo para que cultiven la calidad.

Deben salir solos al menos una vez cada dos semanas, y al menos una vez al año tomar unas vacaciones cortas, donde los dos estén solos alimentando su relación, su amor y su matrimonio.

Cosas Para Hacer Durante "Nuestro" Tiempo

Ella - Ideas

_____

_____

_____

_____

_____

_____

El - Ideas

_____

_____

_____

_____

_____

_____

Contrato

Yo (ella) _____ y yo (Él) _____ libre y decididamente hacemos el compromiso de encontrar el tiempo para compartir y nutrir nuestra relación, nuestro amor y nuestro matrimonio. Prometemos hablar al menos una hora al día sobre nuestras cosas personales (trabajo, estudio, frustraciones, experiencias, anécdotas, servicio, etc). Escucharé y comunicaré. Nos sentaremos y compartiremos algo juntos. Al menos una vez cada dos semanas nos comprometemos a salir juntos (cenar, bailar, ir al cine, caminar, etc) algo que ambos disfrutemos y donde podamos reírnos y quitarnos el estrés. Finalmente, prometemos tener unas vacaciones cortas al menos una vez al año. (Playa, museos, paseos, montar en bicicleta) cualquier actividad fuera de la rutina diaria que nos permita seguir conociéndonos y divirtiéndonos.

Firmamos y nos comprometemos a cumplir esta promesa. Si alguno de los dos falla, es responsabilidad de uno recordárselo al otro, y del que se ha olvidado aceptar con humildad y amor, y retomar el compromiso previamente asumido.

_____   _____

Firma de Ella   Fecha

_____   _____

Firma de El   Fecha

Habla y Escucha Más

La rutina vista de forma negativa puede poner tensión en un matrimonio. Por favor tengan en cuenta que la rutina es algo que se hace de manera repetitiva, que se convierte en habito. Por tanto, algún tipo de rutina es importante para funcionar bien en ciertas áreas, sin embargo, la rutina puede llegar a ser perjudicial, cuando se trata de tratar al conyugue como una costumbre. A veces, los cónyuges ya ni siquiera saben de qué hablar. Sienten que se han quedado sin temas o que ya saben lo suficiente el uno del otro. Esto nunca es cierto. Recuerden que los seres humanos están en constante cambio. Cada etapa de su vida está llena de nuevos conocimientos y descubrimientos. Es usted quien le da sentido a lo que vive. Todos los días hay algo nuevo que compartir, descubrir, o aprender. Tenga en cuenta los cambios que ocurren dentro de usted, y cómo los desafíos de la vida lo han hecho crecer. Mantener a flote su matrimonio, por ejemplo, es un gran desafío, quizás el más grande de su vida. Aquí tienen una nueva herramienta para que cada día acepten el reto de ser felices.

Escriban temas de interés, (películas, noticias, opiniones, cosas que pasan en el mundo, inquietudes, sueños, retos) todo lo que crean que puedan hablar. Prepárese para discutirlo con su cónyuge. Su conyugue, es su mejor amigo; usted debe estar abierto a compartirlo todo.

Escriban aquí algunas de esas ideas

Ella - Ideas

_____   _____

_____   _____

_____   _____

_____   _____

_____   _____

El - Ideas

_____   _____

_____   _____

_____   _____

_____   _____

_____   _____

Envase de Cristal

Esas ideas que han escrito, escríbanlas también en su diario y en una hoja de papel aparte, recórtelas y pongan todo en un recipiente de cristal. Déjenlo en un lugar visible, y de vez en cuando cambien los temas diarios por uno de estos temas. Verán lo interesante que es seguir conociéndose entre pareja y hablar sobre otros temas que les interesa. Por supuesto, es importante practicar siempre la empatía y comprender que no siempre compartirán la misma opinión. Se trata de conversar y pasar un rato agradable, de seguirse conociendo.

Qué Hacer Cuando Estamos Enojados o Frustrados

Recuerden siempre que deben sentirse libres de sentir. Algunas personas piensan que los sentimientos son buenos o malos. Eso no es verdad. Los sentimientos simplemente son. Se originan dentro de una de nuestras funciones más primitivas: el sistema límbico. Así nos hizo Dios. Por lo tanto, es normal sentirse enojado, feliz, frustrado, cansado, triste, etc. Lo importante aquí es que cuando tengan esos sentimientos, los compartan en el momento adecuado y de la manera correcta. La mayoría de las veces, cuando una situación llega al punto de la ira es porque ha habido dificultades previas que no se han expresado, o que se están viviendo y no se atienden.

Jesús mismo es un gran ejemplo al expresar sus sentimientos. Cuando lamentó la muerte de su amigo Lázaro (Juan 11: 28-44) mostró tristeza y lloro. Cuando Jesús volcó las mesas de los vendedores fuera del templo, mostró frustración y enojo.

Sin embargo, incluso en este estado de catarsis, Jesús nunca buscó lastimar a otras personas. Es importante permitirse sentir, pero nunca agredir a los demás.

Por lo tanto, siguiendo el ejemplo de Jesús, la mejor manera de manejar los sentimientos; es hablar sobre ellos; que le frustra o le duele o le enoja. En definitiva, expresarse para que no se acumule.

Tenga en cuenta que, si la ira es crónica, puede necesitar ayuda profesional. De todos modos, siempre es importante tomarse un tiempo razonable antes de enfrentar el problema. El tiempo es imperativo para el diálogo. Procure tener alternativas de afrontamiento como: Salir a caminar, retirarse a otra habitación, escuchar algún audio que le ayude a relajarse. Elija el momento adecuado con prudencia y luego aborde el problema siguiendo los siguientes pasos:

1. Decir algo positivo de su conyugue, ya que con seguridad que no todo es malo. Habrá muchas cosas buenas. **Reconocimiento es lo primero.**

2. Evite las palabras. SIEMPRE - NUNCA -Y PERO y reemplácelos con: **Sin Embargo**

3. Plantee el problema. Por ejemplo: "Cuando me gritas" "Cuando estás al teléfono por tanto tiempo" "Cuando pasas mucho tiempo fuera de casa"

4. Hablar en mensajes "YO" "YO SIENTO". Por Ejemplo: Yo me siento triste, me siento enojado, me siento frustrado, solo, cansado, etc. Hablar en "yo" le ayudará a no acusar al otro. El ser humano es rápido para juzgar y tardío para comprender, dice el Señor.

1 Samuel 16:7 Pero el SEÑOR dijo a Samuel: No mires su apariencia ni su altura, porque yo lo he desechado. El SEÑOR no mira las cosas que la gente mira. La gente mira la apariencia exterior, pero el SEÑOR mira el corazón".

Cuando hablan exclusivamente en mensajes "TÚ" (Tu no me das tiempo. Tu dejas todo tirado. Tu trabajas demasiado), El mensaje puede sonar como un ataque, lo que puede provocar que su conyugue, tome represalias con otro contra-ataque. Al hablar en mensajes "YO" cada uno admite las necesidades del otro, y se facilita el diálogo. Por esta razón, es muy importante utilizar ambos mensajes para comunicarse. Usa "Tú", pero explícalo con "Yo".

Aquí Hay Algunos Ejemplos:

1. Mi amor, eres muy bueno conmigo y siempre quieres lo mejor para mí,

2. Sin embargo, cuando pasas tanto tiempo en tu celular,

3. ME SIENTO, abandonado, triste, solo

O

1. Amor, eres muy especial para mí, y sé que estas preocupado por la provisión,

2. Sin embargo, cuando trabajas tanto tiempo,

3. ME SIENTO, reemplazado, como si no fuera importante para ti, abandonado, molesto, frustrado

Visualícenlo ahora de manera grafica para que lo recuerden más fácilmente.

1. Diga algo positivo acerca de su conyugue.

Recuerde:
Elimine las palabras
Nunca
Pero
Siempre

2. Hable acerca del problema

3. "YO" Yo me siento triste, enojado...

Tenga en cuenta que el receptor tiene una responsabilidad muy importante.

Ser Empático y Validar el sentimiento de su conyugue

Hora de practicar: Trate de implementar los consejos de comunicación anteriores con algo de lo que quiera hablar.

Ella

1. _____

2. _____

3. _____

El: (sea empático y acepte sus sentimientos) ¿Qué le dirá?

_____

_____

El

1. _____

2. _____

3. _____

Ella: (sea empática y acepte sus sentimientos) ¿Qué le dirá?

_____

_____

Intimidad Conyugal

¡La sexualidad es vital! Es una frase que se dice, sin embargo, algunas personas tienen tabúes, miedos o malentendidos sobre el origen de la sexualidad. La teología del cuerpo que nos enseña san Juan Pablo II, aclara con sustento bíblico que la sexualidad fue creada por Dios. (Génesis 1:28) Dios los bendijo, y Dios les dijo: "Fructificad y multiplicaos, y llenad la tierra; y señoread en los peces del mar, en las aves del cielo, y en todas las bestias que se mueven sobre la tierra. "

Dios entrega, la intimidad conyugal como don de amor, con dos aspectos fundamentales. El primero, para la multiplicación de la especie humana; y la segunda para la unión de los esposos. El amor también se expresa con nuestros cuerpos, que fueron hechos por él, a su imagen y semejanza. (Génesis 1:27) Y creó Dios al hombre a su imagen, a imagen de Dios lo creó; varón y hembra los creó.

Es importante comprender las necesidades de sus cuerpos, que son en su esencia el amor de entrega y sacrificio del uno por el otro. La unidad conyugal no se expresa sólo en el acto conyugal, se expresa cada día como parte del mutuo compartir del amor, a través de la plenitud de sus cuerpos y almas.

Esta unidad es una herencia de amor del mismo Dios Padre. La sexualidad de los esposos es un don de amor recíproco. No debe ser tratado como algo sucio, tabú, una obligación o como una necesidad fisiológica aislada.

San Juan Pablo II explica, que la sexualidad es parte del compromiso de amor que se hace en el altar. Sin embargo, hay una queja común entre esposos y esposas. Los esposos sienten que no hay suficiente, las esposas sienten que puede ser demasiado.

Ciertamente, a nivel biológico hombres y mujeres tienen estructuras diferentes, sin embargo, son complementarias. Sobre todo, que de eso se trata precisamente, de donación. Lea I Corintios 7:1 en adelante. Hallarán explicación Bíblica.

Volviendo un poco a la biología simple. En los hombres, la testosterona conduce a un potencial activo y proactivo que siempre está alerta a la sexualidad. Aunque el esposo no está pensando en sexo, las señales visuales simples, suelen ser suficientes para involucrarlo en un pensamiento sexual. "Si, la esposa se ve particularmente sexy o linda, o se está comportando de manera coqueta". Es tan fácil para el esposo pensar en sexo, como encender una luz. Sin embargo, la esposa no opera de la misma manera, ella es quien Dios eligió para llevar a cabo su segunda parte del plan divino.

¿Recuerda que uno de los objetivos de Dios al regalarle al ser humano, la unidad conyugal es la procreación? El apetito sexual de una mujer está regulado en gran medida por sus ciclos de ovulación. Durante los períodos de fertilidad se activan sus hormonas y se activa el deseo de intimidad física. Vean esto gráficamente.

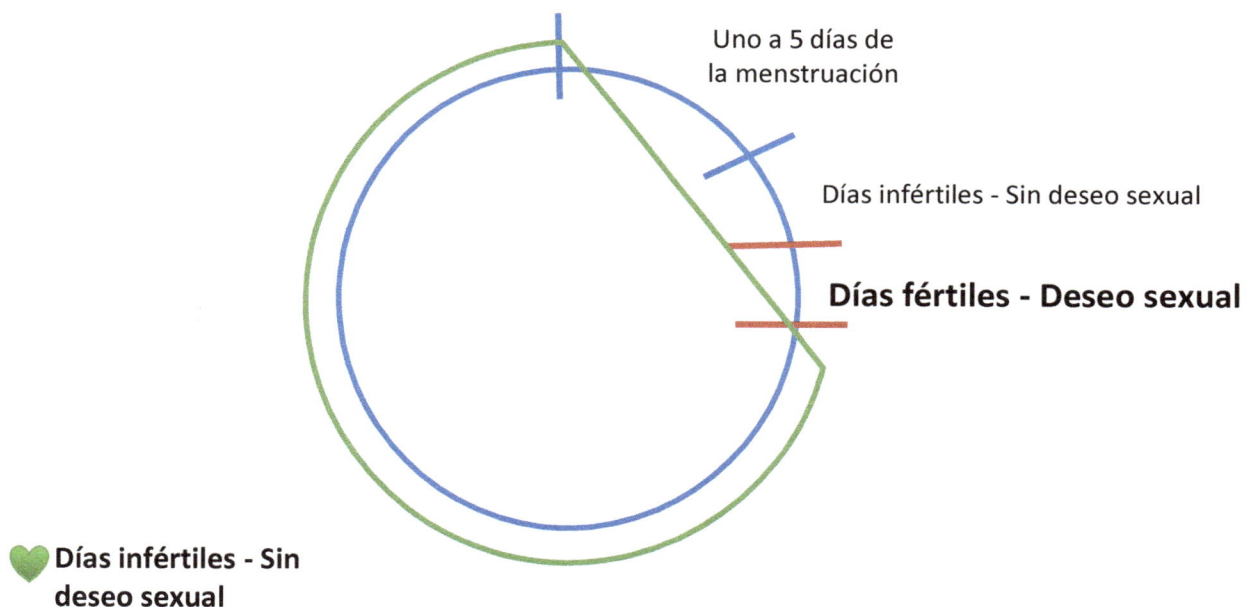

Uno a 5 días de la menstruación

Días infértiles - Sin deseo sexual

Días fértiles - Deseo sexual

Días infértiles - Sin deseo sexual

Siempre es importante tener en cuenta que el cuerpo de cada mujer funciona de manera única, por lo que el gráfico nos ayuda a comprender cómo funciona de manera general. En su mayor parte, el deseo sexual en las mujeres aumenta sustancialmente durante los días fértiles en comparación con los días no fértiles.

El gráfico muestra que las hormonas de la mujer y el comportamiento sexual innato están reguladas por su ciclo, y que generalmente se activa durante períodos cortos de tiempo. Su deseo, sin embargo, no es un sentimiento plano. Las hormonas y el deseo pueden participar por separado. Aquí el esposo juega un papel muy importante. El cortejo es un arte en sí mismo. Es un baile delicado con que el esposo atrae a su esposa.

La esposa debe estar muy tranquila para entrar en un ambiente de intimidad; por ejemplo, si todavía tiene varias cosas que terminar en casa, y el marido se acerca con la intención de ser muy cariñoso, ella leerá su deseo de intimidad conyugal y eso le sumará estrés, porque es otra cosa que ella tiene que hacer. Recuerde que tener intimidad conyugal, no se trata de una obligación. Se trata de una entrega recíproca del uno al otro.

En este caso el esposo puede abordar la situación ofreciéndose a ayudarla a terminar las tareas que aún quedan pendientes. Por favor, esposo, nunca toque las partes íntimas de su esposa directamente. Las esposas a menudo se quejan de sentirse invadidas. Aprenda a ser tierno, comprensivo, tolerante y, sobre todo, amoroso. Muestre su amor en otros aspectos primero. Esto ayudará a allanar el camino.

Si la esposa está bien cuidada, dispondrá su mente y su cuerpo para sentirse y entregarse plenamente.

Las mujeres generalmente son buenas para realizar múltiples tareas, pero cuando estas se vuelven abrumadoras, es importante aceptar ayuda. Esposa, abra su corazón para entregar no solo su cuerpo, sino también su voluntad, su fuerza y su amor a través de la intimidad conyugal. Recuerden que el tiempo que pasan juntos es invaluable.

Gráfico de la Intimidad Conyugal

Hacer un gráfico diario puede ser muy útil. Como mencioné anteriormente, los esposos tienden a percibir que hay muy poca intimidad conyugal y las esposas tienden a percibir que es más que suficiente.

Recomiendo tener un calendario grande y colocado en un lugar visible de la habitación. En él podrán marcar con un corazón cada vez que compartan intimidad conyugal. Esto les ayudará a evaluar juntos si realmente es muy poco, demasiado o suficiente. Recuerden que Dios creó la sexualidad (intimidad conyugal) con el objetivo de la procreación y la unión de los conyugues. Por lo tanto, es importante evaluar esta actividad juntos.

Relación con los demás...

Cuidado que los demás no se confundan con su amistad

Las amistades siempre serán importantes en la vida social de cada individuo. Sin embargo, recuerden que en el matrimonio ambos se vuelven uno. Por eso es importante que las amistades sean mutuas. Es cierto que cada uno tendrá algunas personas conocidas en sus equipos de trabajo, sin embargo, no son amigos, son más compañeros.

De una forma u otra, siempre tenga cuidado al interactuar con los demás. A veces, un cónyuge puede ser naturalmente amistoso o generoso en su disposición a ayudar a sus amigos. Este comportamiento puede provenir de un buen lugar, pero a veces puede malinterpretarse. Si usted es una de esas personas, asegúrese de tener siempre en cuenta a su conyugue. Siempre deje claras sus intenciones a sus amigos y a su cónyuge. Esto le ayudará a evitar la tentación, o los malos entendidos, en cualquiera de las dos partes.

Nuestros amigos, son importantes por qué.

El y Ella (Nombre aquí a sus amigos en común, y por que son importantes para el uno y para el otro. Si hay alguien que no es amigo mutuo, escriba porque es importante para usted, y por qué debe de presentarlo a su conyugue)

_____

_____

_____

_____

_____

Finanzas

Como todo lo demás hasta ahora, las finanzas también deben manejarse juntas. Ya no son mis ingresos y sus ingresos. Cuando se casan, sus cuentas bancarias también se casan. Por ello, la Iglesia Católica recomienda una comunicación clara sobre los ingresos y gastos. "Nuestro dinero, nuestros gastos, nuestras inversiones". Si estas cosas se construyen juntas, crecerán juntas. Una sola cuenta bancaria otorga a ambos cónyuges el mismo acceso, derechos y responsabilidades con las finanzas.

Nuestras Metas Financieras

Ella y El

_____

_____

_____

_____

_____

_____

_____

Valores

Siempre es bueno recordar, que parte de lo que les ha hecho enamorarse al uno del otro, son sus valores mutuos. Los cuerpos cambian y envejecen con los años, pero los valores se fortalecen, especialmente cuando crecen juntos. Hagan una lista de los valores que le enamoraron de su cónyuge y regresen aquí cada vez que sea necesario, no sólo para vivir eternamente enamorado, sino también para que usted mismo recuerde quién es y cómo le ve su cónyuge.

Los valores de Ella (Los escribe El)

_____

_____

_____

_____

_____

_____

_____

_____

_____

Los Valores de El (Los Escribe Ella)

_____

_____

_____

_____

_____

_____

_____

_____

_____

Decisiones Como Padres

Es importante que sus hijos siempre vean la unidad que comparten. **Evitar** el estilo "Ve y pregúntale a tu padre/madre" **generara** seguridad en sus hijos.

El comportamiento anteriormente nombrado, solo conlleva a niños inseguros o manipuladores que saben a dónde ir para conseguir lo que quieren. Si los ven como una unidad, esto fortalecerá la autoridad y les dará una mayor sensación de seguridad. Al comenzar como padres, es probable que uno sea asertivo y el otro más permisivo. Sin embargo, tenga en cuenta que cada decisión debe tomarse en equipo. Si no está de acuerdo con algo, revise los consejos de comunicación, llegue a un término medio y tome la mejor decisión para sus hijos y para la familia. Cuando se acerquen a sus hijos, los dos deben tener clara y segura la decisión que han tomado. Estas decisiones deben tomarse siempre en privado y presentarse con unanimidad de los padres.

Practica: Fortalezas de cada uno como padres. (Es necesario saberlo para que se apoyen cada uno en sus debilidades. Recuerden que son apoyo mutuo y equipo)

Fortalezas de Ella (Los escribe El)

_____

_____

_____

_____

_____

Fortalezas de El (Los Escribe Ella)

_____

_____

_____

_____

_____

Responsabilidades y Roles de la Casa

En este tiempo, tanto hombres como mujeres tienen roles compartidos. En general, se espera que los dos trabajen, estudien y se ayuden mutuamente con las tareas del hogar. Eso es muy positivo. Todas las cargas deben ser compartidas, ya que ustedes son los dos pilares que sostienen su hogar. Dan el ejemplo a sus hijos en todos los aspectos. Un padre ayudando a preparar la cena, una madre ayudando a pintar la casa, son todas actividades que se pueden compartir y disfrutar. Sin embargo, no olviden los roles del hombre y la mujer que Dios sembró desde el principio. Ustedes se apoyan mutuamente, en todos los sentidos. Amor, ternura, provisión, etc. Dios usó sus talentos para atraerse unos a otros y ayudarlos a enamorarse. Construyan su hogar en tierra fértil y planten semillas que den frutos. Para ello, sigan formando a sus hijos con su ejemplo.

Como herramienta recomiendo que cada uno de los hijos tengan tareas dentro del hogar, incluso los mas pequeños. Desde que aprenden a caminar, ya pueden ayudar. Si, así como lo lee. Su hijo por muy pequeño que sea, va siendo parte de la dinámica familiar incluso en las responsabilidades. Es importante cuando ellos están un poco más grandes alrededor de los cinco años que se evalúe de manera periódica el funcionamiento. Con reuniones familiares, donde cada uno incluso los niños puedan tener voz, para ver el funcionamiento de la casa. Por ejemplo: veamos como hemos estado en las reglas esta semana. "¿Hijito, recogiste tus juguetes cada vez que terminaste de jugar?" A través de estas auto-evaluaciones, se va generando responsabilidad, dialogo, unión, compartir, etc

Reglas

No dejar el plato en la mesa

No coger el celular mientras se come

Saludar cuando se llega a casa

Tareas

Papa: Ayuda a guardar los platos

Mama: prepara la cena

Hijo: limpia la mesa

Hora de Practicar

Reglas	Tareas
_____	_____
_____	_____
_____	_____
_____	_____
_____	_____
_____	_____
_____	_____
_____	_____
_____	_____
_____	_____

Reunión

1. Como nos hemos sentido durante las ultimas semanas con las reglas y con las tareas (evaluar cada una)

2. Hablemos de lo positivo de que todos aportemos

3. Que puedo aportar para ayudar a_____ que tiene mucho por hacer.

4. Como podemos mejorar.

Admiración

Uno de los factores que llevan a dos personas a enamorarse, es la admiración. Esta se produce a través del análisis de diversas facetas de la vida del individuo. A medida que se van conociendo, cada uno comienza a valorar cómo es el otro en todas las áreas importantes, y así comienza a desarrollarse una admiración cada vez más fuerte, que gradualmente, combinado con otros elementos igualmente importantes, se convierte en amor. La admiración es importante en todas las áreas que implica al ser humano, en sus valores, su forma de pensar, su profesión, etc. Sin embargo, la admiración a veces se puede perder con el tiempo y traer desanimo.

La admiración va en dos vías, la persona que admira y quien es admirado. Ambos deben hablar sobre lo que se admiran el uno del otro para que cuando estén decayendo en esa área sean capaces de hablar al respecto.

Un factor importante a tener en cuenta es, que las personas cambian a lo largo de las diferentes etapas de la vida, y donde alguna vez tuvieron éxito, es posible que ahora necesiten ayuda. La admiración no es solo un proceso pasivo; Es algo cambiante, por diferentes razones. Por lo tanto, si usted ha admirado algo de su conyugue, y ahora siente que ese aspecto que admiraba se ha agotado, es importante, en primera instancia, que apoye a su conyugue y le haga caer en cuenta lo que está sucediendo. En segunda instancia prestar atención a todas las demás cualidades valiosas de su cónyuge; probablemente este decayendo por una enfermedad, porque está en otra etapa de su vida, o por cualquier otra razón, lo cierto es que recordarle y recordarse de esas otras cualidades les hará crecer el valor del uno por el otro.

Evalúen la situación juntos y siempre comuniquen cualquier problema. ¿Pasas demasiado tiempo en el trabajo y menos con la familia? ¿Su posición en el trabajo compromete su capacidad para cuidar bien de su familia? ¿Estás velando sólo por tus propios intereses? ¿Estás solo ocupándote de las necesidades de tus hijos y no atendiendo a las necesidades como pareja? ¿Hay una situación de enfermedad? ¿Hay desinterés?

Evalúe también porque usted está perdiendo esa admiración y trate de rescatar las otras áreas que también admiraba de su cónyuge al principio.

Yo te Admiro por....

El – Yo admiro a mi esposa por

Profesional _____

Valores _____

Pensamientos _____

Carácter _____

Ideas _____

Cualidades _____

Otros _____

Ella – Yo admiro a mi esposo por

Profesional _____

Valores _____

Pensamientos _____

Carácter _____

Ideas _____

Cualidades _____

Otros _____

Orar Juntos

La oración en una herramienta indispensable, especialmente en los matrimonios cristianos. Es la herramienta principal y fundamental para mantener vivo su matrimonio y vivir juntos para siempre.

Jesús debe ser el centro de sus vidas, el rey de su hogar. Recuerden que Dios siempre tiene la prioridad. Invítenlo antes de cada conversación importante y cada discusión. Jesús es quien sustenta su casa y su sacramento.

Es responsabilidad de cada cónyuge ayudar, animar y alertar al otro si alguna vez se siente desanimado o fuera del camino que Dios espera. Recuerden siempre que el sacramento es un camino de santidad y que les ayuda mutuamente a ganar el cielo.

Jesús estará siempre con ustedes, pero en la libertad que da a sus hijos, espera con corazón abierto y amoroso que ustedes le inviten.

Bendecirse el uno al otro con la señal de la cruz al salir de casa y al acostarse.

Ore constantemente por su cónyuge. Aunque no estén en momentos de dificultad. Oren por sus trabajos, sus necesidades y sus emociones. Oren para que su amor por su cónyuge aumente cada día. Oren y pídanle a Dios que siga viendo a su cónyuge con admiración, con dulzura, que sigan viendo su belleza, aunque pase el tiempo. Recen para que puedan ver las cosas buenas el uno del otro, y reconocer los problemas potenciales. Oren para que no caigan en tentaciones de ningún tipo. Oren para que, a medida que pasa el tiempo, crezca su amor mutuo.

Modelos de Oración

Oración diaria, de la Mañana

Señor Jesús, en tu nombre y con el poder de tu preciosa sangre sellamos nuestro matrimonio, nuestra unión. Con el poder de tu preciosa sangre, sellamos a toda persona, hecho o acontecimiento mediante el cual el enemigo nos quiera hacer daño.

Con el poder de la sangre de Jesucristo, sellamos todo poder destructor en el aire, en la tierra, en el agua, en el fuego, debajo de la tierra, en los abismos del infierno y en el mundo en que nos moveremos hoy.

Con el poder de la sangre de Jesucristo quebrantamos toda interferencia y acción del maligno. Te pedimos, Señor Jesús, que envíes a nuestro hogar y lugares de trabajo a la Santísima Virgen María, acompañada de San José, San Miguel, San Rafael, San Gabriel y toda tu corte de santos y ángeles.

Con el poder de la sangre de Jesucristo sellamos nuestra casa, y todos los que en ella habitamos (nombre de cada uno), las personas que el Señor enviará a ella, así como los alimentos y bienes que generosamente nos envía para nuestro sustento. Con el poder de la sangre de Jesús sellamos la tierra, las puertas, las ventanas, los objetos, las paredes, los pisos y el aire que respiramos, y en fe cubrimos a toda nuestra familia con la sangre de Jesucristo.

Con el poder de la sangre de Jesucristo sellamos nuestro trabajo material y espiritual, los negocios de toda nuestra familia, los vehículos, las carreteras, el ai y cualquier medio de transporte que vayamos a utilizar. Con su sangre preciosa sellamos los actos, la mente y el corazón de todos los habitantes y gobernantes de cada país, para que en él reine vuestra paz y vuestro corazón. Te damos gracias Señor Jesús por tu sangre y por tu vida porque gracias a ella hemos sido salvados y somos preservados de todo mal. Amen

Derechos de la novena a la sangre de Cristo.

Oración Diaria en la Noche

Señor Jesús, venimos a ti dándote, nuestro día. Gracias. Jesús, por ___

_____

_____

_____

este día que nos has permitido una vez más estar juntos. Perdona las faltas que cometemos unos a otros, perdona nuestros descuidos. Bendícenos Señor y aumenta nuestro amor cada día en la vida cotidiana. amén

Oración Semanal o Mensual

Amado Jesús, nuestro Señor. Hoy yo _____ y yo _____
Estamos ante tu altar, entregamos nuestros corazones, clamando a ti misericordia y perdón por nuestros pecados. Perdónanos Señor las veces que te hemos olvidado. De manera especial, perdona los pecados que hemos cometido el uno hacia el otro en este día. Perdona nuestros pecados de egoísmo, falta de compromiso, intolerancia, falta de perdón, falta de servicio a mi cónyuge. Perdona Señor nuestra falta de amor cuando le hablo mal a mi cónyuge. Restaura, oh Señor, nuestro corazón y nuestro amor. Ayúdanos a vernos con ojos de amor. Ayuda a que aumente nuestro amor y entusiasmo por nuestro matrimonio. Déjanos ver nuestra belleza. Ayúdanos a identificar si estamos fallando en algún área y danos las herramientas para salir de esa situación. Ayúdanos a admirarnos cada día más. Ayúdanos a encontrar nuevas formas de disfrutarnos el uno al otro. Te entregamos nuestros corazones, Señor, para que seas tú quien los limpie y los transforme en amor mutuo. Amén.

Oración antes de hablar de un problema

Señor Jesús hoy clamamos a ti en esta dificultad. Ven Señor Jesús, sé el centro de nuestra vida y de nuestro matrimonio. Quédate en medio de nosotros mientras hablamos sobre esta situación difícil que estamos enfrentando, sobre este problema. Señor bendícenos, guárdanos, líbranos. Señor guíanos y bendice esta conversación; Envía a tu Santo Espíritu para que nos guie y hable a través de nosotros.

Señor Jesús nuestros cuerpos son tuyos. Señor, tú los redimiste y los salvaste. nuestro hogar es tuyo; nuestro amor y nuestro matrimonio son tuyos. Nos entregamos mutuamente unidos a ti. amén

Oración por la Sanación Familiar

Señor Jesús Protege a nuestra familia (3 veces) y reza un Ave María

Señor Jesús salva a nuestra familia (3 veces) y reza un Ave María

Señor Jesús ilumina a nuestra familia (3 veces) y reza un Ave María

Continúe orando por las necesidades de la familia, siempre repita 3 veces y después rece un Ave María.

Para finalizar, rezar Padre Nuestro, Ave María y Gloria.

Siempre Recordar

- ♡ Poner a Dios primero

- ♡ Orar juntos todos los días

- ♡ Recordar pequeños detalles

- ♡ Recordar las pequeñas cosas que ambos hacían, el uno para el otro desde el principio.

- ♡ Recordar el orden de Dios

- ♡ Lo que me impactó de ti. (ver pág. 16 de este diario)

Referencias

5 Lenguajes del amor por Gary Chapman

Biblia católica latinoamericana y de Jerusalén

Novena a la sangre de Cristo.

Autor:

Claudia Bermeo - Grajales es psicoterapeuta y católica practicante, casada desde hace 28 años, con dos hijos. Ha dedicado parte de su vida a ayudar a través de su profesión la cual se ha convertido en un ministerio para ayudar a la comunidad católica. Lleva su práctica privada, con herramientas desde la psicología y la fe. Ayuda de manera especial a los matrimonios, de los que dice *"El sacramento del matrimonio es realmente un camino de santidad, es el camino más seguro para entrar en el cielo".*

Claudia es licenciada en salud mental y psicoterapia del estado de Florida, con una maestría en Educación, orientación y consejería de la Universidad del Turabo de Puerto Rico. Se especializa en clínica y desarrollo humano.

Claudia Bermeo-Grajales ha escrito algunos libros de autoayuda, siempre utilizando herramientas de la psicología y la fe.

"Oro y confío en que este diario pueda proporcionarles, una forma de terapia preventiva, que les ayude a regresar al comienzo de su relación, a ese lugar donde su amor ardía con fuerza. Espero que esto les ayude a traer esa llama de amor cada vez que lo necesiten, para que puedan darse el uno al otro. Dios bendiga su matrimonio"